Kieselsteiner

Liebe Leserinnen und Leser,

auf dieser Seite wende ich mich immer mit einigen Worten an die Gemeinde von Kieselstein und ihre Freunde. Den Menschen, die mich noch nicht kennen, möchte ich mich kurz vorstellen: Mein Name ist Dr. Gottlob Kiesel und ich bin seit vier Jahren Bürgermeister der Stadt.

Dieses Mal darf ich Ihnen etwas ganz Besonderes präsentieren: den weltbekannten Kieselsteiner Zirkus und seine Artisten! Jongleure, Feuerschlucker, eine einzigartige Raubtiernummer und noch vieles mehr versetzen Sie hier ins Staunen. Und wer möchte, kann sich von der Wahrsagerin Magica Glimmer die Zukunft voraussagen lassen.

Ein Besuch im Kieselsteiner Zirkus garantiert Ihnen einen Tag voller Zauber, Magie und Faszination, den Sie nie vergessen werden. Schauen Sie selbst ...

Ihr

Wichtig: Es können keine exakten Größen- und Längenangaben bei den Holzstäbchen, Gummifäden, Garnen, Stoffen usw. gemacht werden, da diese von der Größe und dem Umfang des verwendeten Steines abhängen.
Unter „Rest" wird immer ein Stück verstanden, das maximal DIN A5 groß ist.

MATERIALIEN UND HILFSMITTEL

Folgende Materialien und Hilfsmittel werden für fast jede Figur hier im Buch benötigt. Allgemeine Materialien, wie die Klebstoffe usw., sind in den speziellen Materiallisten nicht mehr extra mit aufgeführt.

- Steine in verschiedenen Größen, Formen und Farben
- lufttrocknende Modelliermasse in Weiß
- Lackfarbe (alternativ: Plakafarbe, insbesondere in Rot und Gelb zur Verfeinerung der Hautfarbe, nicht mehr extra in der Materialliste aufgeführt)
- Kraftklebestoff, z. B. UHU Alleskleber kraft oder UHU Greenit
- Klebestift
- Papierschere
- Stoffschere
- verschieden starke, flache und runde Haarpinsel
- Kunstfell, Kunsthaar und Märchenwolle (für die Haare)
- weitere Accessoires, z. B. Perlen, Filz, Gummifaden, Garne, Verschlussclips usw., (siehe spezielle Materiallisten)
- Haarspray
- Schwamm
- wasserfeste Marker in Schwarz und Braun (für Pupillen und Mund)

Kieselsteine

Kieselsteine erhält man im gut sortierten Bastelfachhandel, aber auch im Baumarkt, im Gartencenter oder im Kieswerk. Wer will, kann die Kieselsteine aber auch sammeln. Dabei bitte unbedingt darauf achten, diese aus der Natur (z. B. am Strand oder in Bachbetten) zu sammeln, nicht vor Häusern oder aus Gärten. Bei diesen handelt es sich um Privateigentum!

Vom Kieselstein zum Kieselsteiner

1 Einen in Größe und Form zur Figur passenden Stein aussuchen. Dann die Teile, welche an die Figur modelliert werden sollen, durch Formen kleiner Kugeln, Scheiben oder Würstchen vorbereiten.

2 Diese Teile an den Stein anmodellieren. Jetzt auch Accessoires wie z. B. die Schlangen usw. modellieren. Beim Trocknen die Modelliermasse am besten am Stein lassen. Nach dem Trocknen die entsprechenden Stellen für Arme, Nase usw. mit einem wasserfesten Stift markieren und dann die Teile abnehmen (falls sie nicht von alleine abfallen). Die Modelliermassespuren mit Wasser und einem Schwamm abwaschen.

3 Die Nase an der entsprechenden Stelle festkleben. Das Gesicht und die Hände hautfarben bemalen. Dann die Arme am Stein mit Kraftkleber festkleben. Die Füße bemalen und so an die Figur kleben, dass sie einen sicheren Stand hat. Wenn etwas der Steinfarbe nachempfunden werden muss, macht es Sinn, dieses Teil zuerst zu bemalen und dann aufzukleben. Nach Bedarf können auch schon die ersten Accessoires farbig gestaltet werden.

4 Die Kleidung und die Details auf die Figur malen. Dann die bemalten Accessoires und das sonstige Zubehör an den entsprechenden Stellen festkleben.

5 Für die Haare die Märchenwolle oder das Kunstfell zurechtschneiden, am Kopf festkleben, ggf. die Frisur noch mal nachschneiden und mit Haarspray in Form bringen. Sofern die Figur ein Kopftuch, einen Schal oder einen Umhang trägt, diesen frei Hand aus Stoff zuschneiden und befestigen.

1
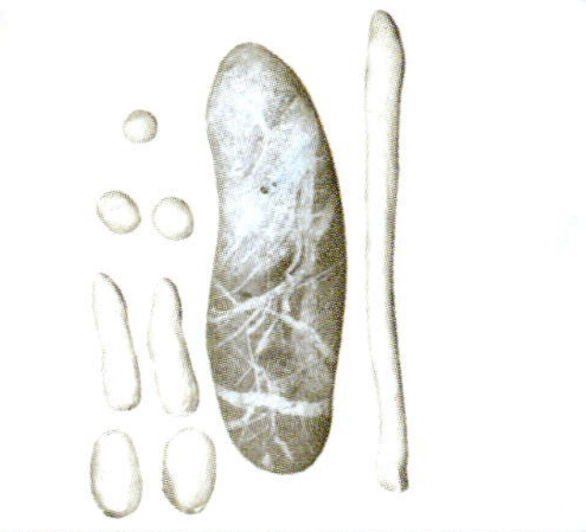

2

3

4

5

Tipps & Tricks

Mit den folgenden Tipps und Tricks gelingen die Kieselsteiner ganz bestimmt!

- Wenn die Figuren einen Gegenstand in der Hand halten, dann diesen beim Trocknen in der Modelliermasse stecken lassen. Da die Masse schrumpft, passt das Teil sonst nach dem Trocknen nicht mehr an den vorgesehenen Platz. Aus diesem Grund müssen auch die modellierten Teile beim Trocknen an der Figur belassen werden.
- Das Trocknen kann beschleunigt werden, indem die Figur in die Sonne, auf die Heizung, unter eine Lampe oder bei schwacher Hitze in den Ofen gelegt wird.
- Vor dem Entfernen der modellierten Teile (Nase, Arme, Füße) deren Position am besten mit einem wasserfesten Marker (z. B. Edding) markieren, damit man später weiß, wo man sie festkleben muss.
- Beim Festkleben der Füße auf das Gleichgewicht der Figur achten und evtl. mit etwas Modelliermasse nachbessern.
- Es empfiehlt sich, die Figur etappenweise zu bemalen und die Farbe immer gut trocknen zu lassen.
- Wenn Details nicht auf Anhieb gelingen, sofort die noch feuchte Farbe mit einem feuchten Schwamm entfernen.
- Durch das Anmischen eigener Farbtöne wird die Figur individueller.
- Für eine besonders schöne Hautfarbe der gekauften Hautfarbe noch ein ganz klein wenig Rot und Gelb beimischen, so wirkt sie gesünder und frischer.
- Wenn es in der Anleitung heißt, dass die Steinfarbe nachempfunden werden soll, dann muss die Farbe dafür entsprechend angemischt werden. Weicht die Farbe des verwendeten Steins von dem hier im Buch abgebildeten ab, dann kann es sein, dass dafür weitere Farben als in der jeweiligen Materialliste aufgeführt benötigt werden.
- Für dünne Striche oder runde Punkte, die mit dem Pinsel nicht gelingen, empfiehlt es sich, feine, wasserfeste Marker (z. B. Edding) zu verwenden.

Weitere Infos zu den Kieselsteinern gibt's unter www.frechverlag.de/kieselsteiner und www.kieselsteiner.de

Hier sieht man das Zusammenspiel von Augen und Mund und die daraus resultierenden Gesichtsausdrücke

Augen

Die Augen sind der wichtigste Bestandteil beim Ausdruck der Figur. In ihnen zeigen sich nicht nur die wesentlichen Charakterzüge, sie können auch Gefühle zum Ausdruck bringen.

Grundsätzlich gilt: Je mehr sich die Linien des Gesichts (Augenbrauen, Augen, Mund) in Richtung der Gesichtsmitte (Nase) zusammenziehen, desto grimmiger oder wütender wird der Ausdruck. Je mehr sich diese Linien rund (in Bögen) gegenüber der Gesichtsmitte öffnen, desto strahlender und fröhlicher wird der Ausdruck. Deshalb sollte bei der Gestaltung der Augen mit viel Sorgfalt gearbeitet werden!

Variationen

Manchmal kann es passieren, dass man nicht einen genau identischen Stein wie hier im Buch abgebildet findet. Aber auch wenn der gefundene Stein nur wenig mit dem im Buch verwendeten Stein übereinstimmt, kann die gewünschte Figur entstehen, wie man hier z. B. an der Seiltänzerin sieht.

Form, Größe und Struktur der beiden Steine unterscheiden sich recht stark voneinander – und doch ist die Seiltänzerin sofort zu erkennen, wenn man sich bei der Gestaltung von Nase, Armen und Zubehör an die Vorgaben hält.

Grundsätzlich kann man auch kleine Details nach eigenem Geschmack verändern oder der Figur weitere Zubehörteile hinzufügen, ohne dass eine Verfremdung entsteht. Der Fantasie sind dabei keine Grenzen gesetzt! Selbst bei der Farbwahl muss man sich nicht strikt an die Vorgaben halten, um die gleiche Figur zu erhalten.

Tipp: Gerade bei den Accessoires und Haaren können Sie gut variieren, ohne dass die Figur ihre ganz besondere Charakteristik verliert. Probieren Sie es aus!

Auch ein schöner Rücken kann entzücken

Beim Bemalen der Figuren darauf achten, dass die Kieselsteiner auch von hinten hübsch anzusehen sind. Die Farben der Beine und Hosen werden z. B. einfach auf der Rückseite weitergeführt. Im Bild oben sieht man einige Kieselsteiner von hinten.

Hier sehen Sie die Figuren in Originalgröße abgebildet

Hereinspaziert, hereinspaziert!

→ und willkommen im Kieselsteiner Zirkus

MATERIAL

- ovaler Stein in Hellgrau meliert, ca. 6,5 cm hoch (für Dr. Kiesel)
- kleiner, runder, flacher Stein, ca. 2 cm x 3 cm (für den Bauchladen)
- lufttrocknende Modelliermasse in Weiß
- Lackfarbe in Hautfarbe, Weiß, Schwarz, Grau, Graumetallic, Braun, Rot, Gelb, Gelbocker, Grün, Gold und Pink
- Märchenwolle in Natur
- Pappstreifen in Pink, Rest
- Verschlussclip in Gold

Bürgermeister Dr. Kiesel mit Bauchladen

Tipp: Sie haben mal wieder Zirkus im Büro? Dann bringen diese beiden Figuren Sie garantiert zum Schmunzeln.

▸ Alle Teile modellieren. Dabei darauf achten, dass die Figur mit dem Bauchladen im Gleichgewicht steht, d. h. ohne ihn neigt sie sich leicht nach hinten.

▸ Die Figur und alle Accessoires wie abgebildet bemalen.

▸ Die Märchenwolle zurechtschneiden, zu einem Haarkranz formen und am Hinterkopf festkleben. Dann den Bart ankleben. Mit Farbe Akzente in das Haar und den Bart setzen.

▸ Die Pappe zu einem Streifen schneiden und als Rand an dem flachen Kiesel befestigen. Die Erdnusstüten und Äpfel bemalen und in den Bauchladen kleben. Den Verschlussclip zurechtschneiden, am Stein befestigen und damit den Bauchladen an der Figur anbringen. Zum Schluss den Hut festkleben.

Jimmy Jong, der Jongleur

▸ Alle Teile modellieren. Dabei darauf achten, dass in beiden Händen Mulden für die Keulen sind.

▸ Nach dem Bemalen des Gesichts mit Hautfarbe die weiße Farbe wie Schminke auftragen und viel Wert auf die liebevolle Gestaltung von Gesicht und Kleidung legen. Mit einem dünnen Pinsel und brauner Farbe können so z. B. die feinen Strukturen auf die goldene Weste gemalt werden.

▸ Die Märchenwolle zurechtschneiden, auf den Kopf kleben und zu einer zerzausten Frisur formen. Mit Haarspray besprühen und mit Flitter bestreuen.

▸ Die Keulen am Haaransatz, am Bauch und in beiden Händen festkleben, sodass der Eindruck entsteht, als ob sie tatsächlich durch die Luft gewirbelt würden.

MATERIAL

- ovaler Stein in Dunkelgrau, ca. 7 cm hoch
- lufttrocknende Modelliermasse in Weiß
- Lackfarbe in Hautfarbe, Rot, Weiß, Dunkelrot, Gold, Gelb, Schwarz, Braun, Türkis und Grau
- Märchenwolle in Schwarz
- ultrafeiner Flitter in Gold

MATERIAL PRO TIGER

- länglicher Stein in Hellbraun, ca. 8 cm lang (für den Tiger)
- flacher, runder Stein, 1 cm dick, ca. 4 cm x 6 cm (für die Bodenplatte)
- lufttrocknende Modelliermasse in Weiß
- Lackfarbe in Weiß, Braun, Schwarz, Gelbocker, Gelb und Orange
- Filz in Rotbraun, Rest
- ultrafeiner Flitter in Weiß

Manege frei

→ für die atemberaubende Raubtiernummer der Zirkusdirektorin

Der Tiger Katzenauge und sein Bruder

- Alle Teile wie abgebildet modellieren, sodass sich der Tiger in seiner lauernden Stellung befindet. Das Modellieren der Schnauze erfordert etwas Fingerfertigkeit, um die tigertypischen Backen hinzubekommen.
- Nach dem Festkleben des Filzschwanzes und der modellierten Teile zunächst den Kopf, die Arme und Beine mit Braunocker bemalen. Den Körper selbst mit der unverdünnten Farbe lasieren, dafür wird die Farbe aus Gelbocker und etwas Braun mit Orange gemischt. Danach die Details aufmalen.
- Den Sockel mit Klebestift einstreichen und mit Flitter bestreuen. Zum Schluss den Tiger darauf festkleben.

WEITERFÜHRUNG

Manege frei

MATERIAL
- länglicher, runder Stein in Hellgrau, ca. 5,5 cm lang (für den Löwen)
- sehr flacher, ovaler Stein in Hellgrau, 5 mm dick, ca. 4 cm x 5 cm (für die Bodenplatte)
- 3 kleine, ovale Kieselsteine
- lufttrocknende Modelliermasse in Weiß
- Lackfarbe in Weiß, Gelb, Braun, Rot, Silber, Gold und Gelbocker
- Märchenwolle in Weiß
- Filz in Weiß, Rest
- ultrafeiner Flitter in Gold

Bianco, der weiße Löwe

▶ Die Ohren, die Schnauze und die Beine wie abgebildet modellieren und festkleben.

▶ Den Stein in Weiß lasieren und die modellierten Teile mit Weiß bemalen, das mit Gelbocker abgetönt wurde. Die Details aufmalen.

▶ Die Wolle zurechtschneiden, als Mähne drapieren und festkleben. Den Filz frei Hand als Schwanz zuschneiden und befestigen.

▶ Den Sockel mit Klebestift einstreichen und mit Flitter bestreuen. Die drei kleinen Kieselsteine als Hürde und den Löwen in springender Position aufkleben.

Tipp: Für einen besseren Halt kann aus Modelliermasse ein flaches Teil auf die Bodenplatte modelliert werden, in das die Sprungfüße des Löwen eingedrückt werden. So hält die Figur beim Kleben später besser.

Sybille von Steinow, die Zirkusdirektorin

▸ Alle Teile modellieren. Dabei in beiden Händen Mulden formen, damit die Direktorin später den Stock und den Reif halten kann. Das Stück Holz beim Trocknen in der linken Hand belassen, damit eine gute Klebefläche für den Reif entsteht.

▸ Die Kleidung, die Details und das Gesicht aufmalen, dabei besonderen Wert auf das Make-up legen.

▸ Das Kunsthaar zurechtschneiden und in einzelnen Strähnen festkleben, bis eine volle Langhaarfrisur entstanden ist. Die Perlen als Haarschmuck anbringen.

▸ Zum Schluss den Reif aus der Kunststoffschnur formen und die Enden zum Schließen des Reifs in das Lutscherstiel-Stückchen kleben. Die Märchenwolle als Feuer um den Reif drapieren und diesen in der erhobenen Hand befestigen. In die andere Hand kommt das bemalte Holzstäbchen.

Biancos Sprung durch den brennenden Reif ist die Sensation in unserem Zirkus!

MATERIAL

- ovaler, länglicher Stein in Hellbeige, ca. 7,5 cm hoch
- lufttrocknende Modelliermasse in Weiß
- Lackfarbe in Hautfarbe, Schwarz, Weiß, Pink, Ultramarinblau, Perlmuttblau, Perlmuttrosa und Gold
- glattes Kunsthaar in Blond
- Märchenwolle in Gelb und Rot
- Holzstäbchen, ca. 3 cm lang
- 3 Wachsperlen in Blau, ø 3 mm
- durchsichtige Kunststoffschnur, z. B. Scoubidouschnur, ø 2 mm, ca. 12 cm lang
- ein Stück Lutscherstiel, ca. 2 cm lang
- Streichholz

Da bleibt kein Auge trocken

→ Spiele, Spaß und Schabernack mit den Kieselli-Clowns

MATERIAL
- leicht dreieckiger Stein in Dunkelgrau, ca. 7,5 cm hoch
- lufttrocknende Modelliermasse in Weiß
- Lackfarbe in Weiß, Rot, Hellblau, Braun, Schwarz, Gold, Pink, Orange, Gelb, Perlmuttgrün, Graumetallic und Ultramarinblau
- Märchenwolle in Hellblau
- ultrafeiner Flitter in Gold
- Holzstäbchen, ca. 2 cm lang
- Filzreste in Rot, Grün und Weiß
- Pompon in Rot, ø 7 mm
- Gummifaden, ca. 5 cm lang

Toni, der Dirigent

▸ Alle Teile wie abgebildet modellieren, dabei in einer Hand ein Loch für den Stock freilassen und keine Nase modellieren.

▸ Das Gesicht und die Hände Weiß bemalen. In der Folge Details und Accessoires farbig gestalten. Dabei zuerst die Krawatte bemalen und dann festkleben.

▸ Die Märchenwolle zurechtschneiden, als üppigen Haarkranz auf den Hinterkopf kleben, mit Haarspray einsprühen und Flitter bestreuen.

▸ Den großen Pompon mit dem Gummifaden im Gesicht befestigen. Aus den Filzresten eine kleine Blüte formen, am geknickten Holzstäbchen anbringen und dem Clown in die Hände kleben.

Tipp: Die Clowns eignen sich auch hervorragend als lustige Einladung zu einer Faschingsparty oder als Deko bei einem Kindergeburtstag.

Kieselsteiner
Die vier Kiesellis

MATERIAL

- zigarrenförmiger, länglicher Stein in Beige, ca. 9 cm hoch (für den Clown)
- kleiner, ovaler Kiesel in Beige (für die Maus)
- lufttrocknende Modelliermasse in Weiß
- Lackfarbe in Hautfarbe, Weiß, Rot, Blau, Violett, Schwarz, Braun, Gelb, Pink, Graumetallic, Dunkelgrün, Perlmuttgrün und Rosa
- Märchenwolle in Gelb
- Pompon in Hellblau, ø 5 mm
- je 1 Pompon in Rot und Weiß, ø 7 mm
- Gummifaden, ca. 5 cm lang
- Streifen aus Kunstleder, 3 cm breit, 5 cm lang
- Holzstäbchen, ca. 2,5 cm lang
- Pappe in Beige, Rest
- Unterlegscheibe aus Messing (DIN 125), ø 7 mm
- Strassstein in Weiß, ø 2 mm

WEITERFÜHRUNG

Da bleibt kein Auge trocken

Fax, der Trommler

▸ Alle Teile für die Figur modellieren. Dabei darauf achten, dass in der rechten Hand ein Loch für den Stock frei bleibt. Bei dieser Figur muss keine Nase modelliert werden. In der Trommel etwas Platz für die Maus frei lassen.

▸ Erst die Arme der Steinfarbe anpassen und dann aufkleben. Beim Bemalen der Figur selbst viel Wert auf die liebevolle Gestaltung von Gesicht, Kleidung und Zubehör legen.

▸ Die Märchenwolle zurechtschneiden, zu einer Art Scheitelfrisur drapieren und festkleben.

▸ Den roten Pompon mit dem Gummifaden im Gesicht befestigen. Den kleinen Pompon halbieren und je eine Hälfte auf den Schuhen festkleben.

▸ Die Trommel und die Maus bemalen und mit der zugeschnittenen Pappe fertigstellen. Dem Clown die Trommel mit dem Kunstlederstreifen umbinden.

Drolle, der Gitarrist

▶ Alle Teile modellieren.

▶ Vor dem Festkleben der Arme diese der Steinfarbe anpassen. Dann das Gesicht, die Kleidung und die Gitarre bemalen.

▶ Das Fell zuschneiden und als „Topfschnitt“ so auf dem Kopf festkleben, dass die Haare fast bis in die Augen reichen.

▶ Die Gummifäden miteinander verknoten und an der Gitarre anbringen. Diese zwischen den Armen festkleben.

▶ Am Ende die Saiten in die Gitarre einritzen, sodass das Weiß der Modelliermasse etwas durchscheint.

Pimpfi, der Pinguin

▶ Den Schnabel, die Flügel, die Füße und Accessoires wie abgebildet modellieren. Dabei unter dem linken Flügel genügend Platz für die Tröte lassen.

▶ Die Figur und die Accessoires bemalen. Dabei die Flügel und Füße der Steinfarbe nachempfinden.

▶ Zum Schluss das Hütchen und die Tröte festkleben.

MATERIAL GITARRIST DROLLE

- eiförmiger, voluminöser Stein in Hellbeige mit dunklen Punkten, ca. 7 cm hoch
- lufttrocknende Modelliermasse in Weiß
- Lackfarbe in Hautfarbe, Weiß, Schwarz, Rot, Pink, Hellblau, Gelb, Grün, Rotviolett, Perlmuttblau, Ultramarinblau und Dunkelgrün
- Kunstfell in Grau meliert
- Gummifadenreste in Gold und Silber, je ca. 6 cm lang

PINGUIN PIMPFI

- länglicher Stein mit leichtem Bauch in sehr dunklem Grau, ca. 5 cm hoch
- lufttrocknende Modelliermasse in Weiß
- Lackfarbe in Weiß, Gelb, Schwarz, Grau, Pink, Hellblau, Graumetallic und Rot

Hokus Pokus und Simsalabim

→ wer nicht aufpasst, wird gleich mit verzaubert!

MATERIAL

- eiförmiger, relativ flacher Stein in Dunkelgrau, ca. 7,5 cm hoch (für den Zauberer)
- 4 kleinere, ovale bis längliche Kiesel in Weiß, Hellbeige, Rotbraun und Dunkelgrau, ca. 2 cm bis 3 cm hoch (für die Kaninchen)
- lufttrocknende Modelliermasse in Weiß
- Lackfarbe in Hautfarbe, Weiß, Schwarz, Braun, Grau, Dunkelrot, Grün, Gold, Kupfer, Blau, Rosa und Rot
- Märchenwolle in Schwarz
- ultrafeiner Flitter in Weiß

Hokus Pokus Fidibus, noch ein Karnickel, dann ist Schluss!

Greki Gaukilos mit seinen Kaninchen

▶ Alle Teile für den Zauberer modellieren. Den Hut formen, dabei einen der kleinen Kiesel mit einmodellieren. Die Ohren, Schnauzen und Pfoten für die Häschen formen.

▶ Für den Zauberer aus Hautfarbe und etwas Weiß einen bleichen Hautton anmischen und das Gesicht und die Hände damit bemalen. Die Arme der Steinfarbe anpassen und festkleben. Anschließend die Details und Accessoires gestalten.

▶ Die Märchenwolle für die Haare in Strähnen schneiden, mit etwas Klebstoff zwischen den Fingern zurechtzwirbeln und einzeln festkleben. Mit Haarspray einsprühen und mit weißem Flitter bestreuen.

▶ Die Häschen wie abgebildet gestalten und das dafür vorgesehene im Hut festkleben.

Tipp: Greki Gaukilos eignet sich gut als Gutschein zu einer Varieté-Vorstellung o. Ä.

Die Geheimnisse des Orients

→ wie in den Märchen aus 1001 Nacht

Tipp: Persi eignet sich z. B. auch als Gutschein für ein Wellnesswochenende mit Massage, Akupunktur, Yoga und autogenem Training oder für einen Kurs zu diesen Themen.

Persi Debbich, der Fakir

▶ Alle Teile modellieren. Für das Nagelbrett eine flache Scheibe in Länge des Steins modellieren und die 39 Zahnstocherspitzen einsetzen.

▶ Es wird keine Hautfarbe verwendet. Für die Bemalung der modellierten Körperteile die Steinfarbe nachmischen und die Teile damit bemalen. Die Kleidung und das Gesicht aufmalen.

▶ Vor dem Bemalen das Nagelbrett glatt schleifen und dann die bemalten Zahnstocherspitzen festkleben.

MATERIAL

- länglicher, schmaler Stein in Beigebraun, ca. 8 cm hoch
- lufttrocknende Modelliermasse in Weiß
- Lackfarbe in Weiß, Gelbocker, Schwarz, Braun, Dunkelrot und Graumetallic
- 39 Zahnstocherspitzen
- Schmirgelpapier

WEITERFÜHRUNG

Die Geheimnisse des Orients

MATERIAL

- ovaler, leicht gebogener Stein in Beige, ca. 7,5 cm hoch
- kleiner, abgeflachter Stein, ca. ø 1,5 cm (für den Hut)
- lufttrocknende Modelliermasse in Weiß
- Lackfarbe in Hautfarbe, Gelbocker, Braun, Schwarz, Perlmuttgrün, Perlmuttrosa, Gold, Weiß, Perlmuttblau und Violett
- Märchenwolle und Kunsthaar in Schwarz
- Gummifaden in Gold, ca. 10 cm lang
- glänzender, durchsichtiger Stoff in Orange-Gold, Rest

Fatimah, die Bauchtänzerin

▶ Alle Teile modellieren.

▶ Danach etwas Braun zur Hautfarbe dazugeben und Gesicht, Dekolleté, die ganzen Arme und den Bauch damit bemalen. Die Brust der Steinfarbe nachempfinden. Danach die Details aufmalen, dabei dem Make-up besondere Aufmerksamkeit schenken.

▶ Die Märchenwolle zurechtschneiden, zu einer üppigen Langhaarfrisur formen und auf dem Kopf festkleben. Einzelne Strähnen des Kunsthaares zuschneiden und darüber drapieren, sodass der Eindruck von Wellen entsteht.

▶ Den Gummifaden zuschneiden und als Gürtelschmuck wie abgebildet um die Hüfte kleben. Dabei den Faden in kleinen, nebeneinander liegenden Bögen von der Hüfte ausgehend nach unten kleben.

▶ Den Schleier zuschneiden und zwischen den Händen und an einem Fuß fixieren. Die Borte auf den Schleier malen. Das Steinchen für den Hut bemalen und auf dem Kopf festkleben.

Magica Glimmer, die Wahrsagerin

▶ Die Teile modellieren. Die Figur hat allerdings keine Füße, sondern einen kleinen Sockel, der so modelliert wird, als hätte sie die Beine seitwärts untergeschlagen.

▶ Danach die Figur wie abgebildet bemalen. Dabei besonders sorgfältig bei den Details und dem Make-up arbeiten. Den Sockel der Steinfarbe nachempfinden.

▶ Die Wolle zurechtschneiden, zu einer Langhaarfrisur drapieren und auf dem Kopf festkleben. Um den Eindruck von Wellen und Locken zu erwecken, einige Strähnen vom Kunsthaar abschneiden und festkleben.

▶ Den Stoff in Dreiecksform zuschneiden und als Kopftuch befestigen. Den Gummifaden darüber festkleben.

▶ Abschließend den zweiten Stein mit Klebestift einstreichen, mit Flitter bestreuen und den bemalten Sockel mit der Murmel festkleben.

Zu mir kommen Menschen aus der ganzen Welt. Ich sage Ihnen die Zukunft für wenig Geld!

MATERIAL

- ovaler Stein mit starkem Bogen in Dunkelgrau, ca. 7,5 cm hoch (für die Wahrsagerin)
- rechteckiger Stein in Beige, ca. 2 cm x 3 cm (für den Tisch)
- lufttrocknende Modelliermasse in Weiß
- Lackfarbe in Hautfarbe, Schwarz, Weiß, Rotviolett, Rot, Grün, Gold und Hellblau
- Märchenwolle und Kunsthaar in Schwarz
- Futterstoff in Schwarz, Rest
- Gummifaden in Gold, ca. 8 cm lang
- Murmel, ø 1,5 cm
- ultrafeiner Flitter in Gold

Die gefährlichsten Tricks

→ wer hat Angst vor Feuer und Schlangen?

Cynthia di Lago, die Schlangenbeschwörerin

▸ Die Nase, die Arme, die Füße und die Schlangen wie abgebildet modellieren.

▸ Danach die Figur gestalten, dabei das Gesicht und das Dekolleté, die ganzen Arme und den unteren Teil der Figur mit Hautfarbe bemalen. Dann die Details aufmalen. Dabei besonderen Wert auf das Make-up legen.

▸ Das Kunstfell zurechtschneiden und zu einer wilden Mähne frisiert auf dem Kopf festkleben.

▸ Das Geschenkband und das Garn zu Haarband, Gürtel und Armband formen und anbringen. Die Unterlegscheibe für den Kopfschmuck bemalen. Dann alle Unterlegscheiben aufkleben.

▸ Abschließend eine der modellierten und bemalten Schlangen um die Schultern der Schlangenbeschwörerin legen und punktuell festkleben.

MATERIAL FEUERSCHLUCKER

- eiförmiger, leicht dreieckiger Stein in Braun, ca. 6,5 cm hoch
- lufttrocknende Modelliermasse in Weiß
- Lackfarbe in Weiß, Schwarz, Gelbocker, Braun und Gold
- Märchenwolle in Braun, Rot und Gelb
- kleiner Zweig, ca. 2 cm lang
- Kunstlederstreifen in Dunkelbraun, 3 mm breit, ca. 8 cm lang

SCHLANGEN-BESCHWÖRERIN

- länglicher, schlanker Stein in Grau mit Linien und Einschlüssen in Weiß, ca. 7,5 cm hoch
- lufttrocknende Modelliermasse in Weiß
- Lackfarbe in Hautfarbe, Weiß, Schwarz, Gold, Rot, Pink, Graumetallic, Kupfer, Braun, Grün, Dunkelgrün und Gelb
- langfaseriges Kunstfell in Blond
- Geschenkband in Silber, 3 cm breit, ca. 2 cm lang
- Garn in Silber, ca. 5 cm lang
- 9 Unterlegscheiben aus Messing (DIN 125), ø 7 mm

Rocki Flammenwerfer, der Feuerschlucker

- Die Teile modellieren. Dabei den Mund zu einer runden Öffnung formen und darauf achten, dass für das Zweiglein ein Loch in der linken Hand freibleibt.
- Es wird keine Hautfarbe verwendet. Für die Bemalung von Nase, Mund, Armen und Füßen die Steinfarbe nachmischen und an den entsprechenden Stellen auftragen. Danach folgt die detaillierte Bemalung des Feuerschluckers.
- Die Wolle zurechtschneiden, zu einem verwegenen Haarkranz und Augenbrauen formen und am Kopf festkleben.
- Den Kunstlederstreifen zuschneiden und wie abgebildet befestigen. Die gelbe und rote Märchenwolle zu einer Flamme formen und am Zweig fixieren.

Elefantisch-gigantisch

→ das spannende Tennismatch der Dickhäuter

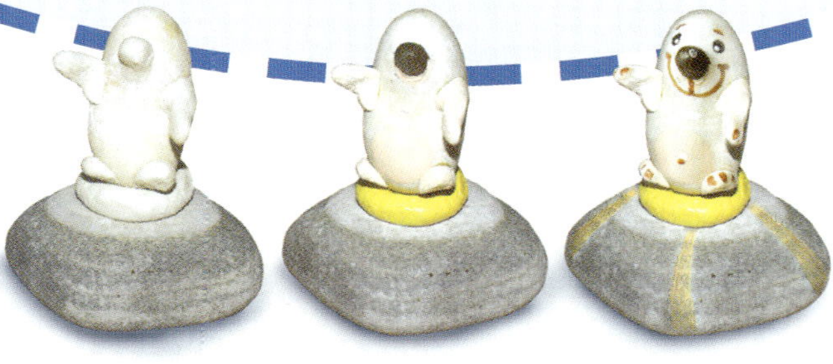

Alfred, der Igel

- Alle Teile wie abgebildet modellieren.
- Für die Bemalung der Pfoten die Steinfarbe nachmischen und diese erst nach dem Bemalen festkleben. Dann das Gesicht und die Details aufmalen und das Podest gestalten.
- Das Fell zurechtschneiden und beim Festkleben so anbringen, dass es wie Stacheln absteht.
- Abschließend die Figur auf dem Podest festkleben.

MATERIAL

- länglicher, ovaler Stein in Hellbeige, ca. 3,5 cm hoch (für den Igel)
- rechteckiger Stein in Grau, ca. 4 cm x 3 cm (für das Podest)
- lufttrocknende Modelliermasse in Weiß
- Lackfarbe in Hautfarbe, Braun, Weiß, Schwarz, Gold und Gelb
- langhaariges Kunstfell in Graubraun

WEITERFÜHRUNG

Elefantisch-gigantisch

MATERIAL

- eiförmiger Stein in Beige meliert, ca. 5 cm hoch
- lufttrocknende Modelliermasse in Weiß
- Lackfarbe in Weiß, Schwarz, Grau, Gelbocker, Gelb, Rot und Ultramarinblau
- Pompon in Gelb, ø 5 cm
- Fliegengitter, Rest

Seppi

▸ Die Beine, die Ohren, die Stoßzähne, den Rüssel und den Tennisschläger wie abgebildet modellieren. Dabei darauf achten, dass der Schläger in den Rüssel passt.

▸ Für die weitere Bemalung die Steinfarbe nachmischen und die geformten Teile damit bemalen. Danach die Details aufmalen.

▸ Das Fliegengitter in der passenden Größe zuschneiden, dabei den Schläger als Schablone nehmen, und es dann in den Tennisschläger kleben. Den Schläger bemalen und in den Rüssel kleben. Abschließend den Pompon auf die Schlägerfläche kleben.

Peppi

▶ Die Beine, die Ohren, die Stoßzähne, den Rüssel und den Tennisschläger modellieren. Dabei darauf achten, dass der Schläger in den Rüssel passt. Die Haltung des Elefanten wird durch die Form und Größe des Podests bestimmt. Das Podest kann nach Belieben gestaltet werden, deshalb ist es hier nicht weiter erklärt.

▶ Für die weitere Bemalung die Steinfarbe nachmischen und die geformten Teile damit bemalen. Danach die Details gestalten.

▶ Das Fliegengitter in der passenden Größe zuschneiden, dabei den Schläger als Schablone verwenden, und es dann in den Tennisschläger kleben. Den Schläger bemalen und in den Rüssel kleben. Abschließend den Elefanten auf das Podest stellen.

Tipp: Auch Tennis-Fans freuen sich über so einen witzigen Elefanten riesig!

MATERIAL

- eiförmiger Stein in Beige, ca. 6 cm hoch (für den Elefant)
- länglich ovaler Stein in Rosa, ca. 4 cm lang (für das Podest)
- lufttrocknende Modelliermasse in Weiß
- Lackfarbe in Weiß, Gelbocker, Grau, Rot, Schwarz, Hellblau, Gelb und Ultramarinblau
- Fliegengitter, Rest

Höher, weiter, stärker

→ hier wird ein Rekord nach dem anderen gebrochen

John Bonfire, der Raketenmann

▶ Alle benötigten Teile wie abgebildet modellieren.

▶ Danach das Gesicht, die Kleidung und alle Einzelteile bemalen und festkleben.

▶ Die Kunstwolle zurechtschneiden, festkleben und auf dem Kopf mithilfe von Haarspray zu einer wilden Frisur frisieren.

▶ Ganz am Ende die Kappe auf den Kopf modellieren, bemalen und mit den frei Hand ausgeschnittenen Ohrenklappen und dem Sichtschutz aus blauer Folie versehen. Den Fledermausflügel-Umhang frei Hand zuschneiden, mit Farbe verzieren und aufkleben.

Ich fühle mich am wohlsten, wenn ich in die Luft gehe!

MATERIAL RAKETENMANN

- ovaler Stein, der sich leicht nach vorne neigt, in Beige, ca. 6,5 cm hoch
- lufttrocknende Modelliermasse in Weiß
- Lackfarbe in Hautfarbe, Weiß, Schwarz, Braun, Pink, Gelb, Blau, Rot, Grau, Graumetallic und Gold
- Kunstfell in Grau meliert
- Filz in Pink, Rest
- durchsichtige Folie in Blau, Rest
- Kunstleder in Dunkelbraun, Rest

MUSKELMANN

- oval-voluminöser Stein in Hellbeige meliert, ca. 7 cm hoch
- lufttrocknende Modelliermasse in Weiß
- Lackfarbe in Hautfarbe, Weiß, Braun, Schwarz, Gelbgrün, Rot und Graumetallic
- Holzstäbchen, ca. 5 cm lang
- 4 Dichtungsringe, ø 2,5 cm
- 2 Dichtungsringe, ø 1,5 cm

Gerry Granit, der Muskelmann

▶ Alle Teile wie abgebildet modellieren. Dabei das Holzstäbchen durch die erhobene Hand stecken und zum Trocknen dort belassen. Etwas Modelliermasse in die Dichtungsringe geben und je zwei große und einen kleinen Dichtungsring hintereinander legen. Das Holzstäbchen durchstecken und so das Gewicht formen.

▶ Die Figur und die Accessoires bemalen. Dabei die ganzen Arme, den unteren Teil der Figur und den Brustansatz mit Hautfarbe bemalen. Die Haare werden bei dieser Figur aufgemalt.

▶ Zum Schluss das Gewicht in der erhobenen Hand festkleben.

In luftiger Höhe

→ ohne Netz und doppelten Boden

MATERIAL

- eiförmiger, runder Stein in Hellbeige, ca. 5,5 cm hoch (für Elastiko, den Akrobaten)
- ovaler Stein in Hellgrau, ca. 4,5 cm hoch (für Fantastico, den Hund)
- kleines, flaches Steinchen (für die Kappe des Hundes)
- lufttrocknende Modelliermasse in Weiß
- Lackfarbe in Hautfarbe, Grau, Gelb, Braun, Weiß, Schwarz, Rot, Hellblau und Ultramarinblau
- Kunstfell in Blond und Grau
- Karton, Rest

Elastiko und Fantastico, die tollkühnen Akrobaten

▸ Alle Teile für den Akrobaten und seinen Hund modellieren. Dabei bitte darauf achten, dass die beiden einen sicheren Stand haben, evtl. nach dem Trocknen nochmals etwas nachbessern.

▸ Danach alles wie abgebildet bemalen. Dabei für die Arme des Akrobaten und die Schnauze und Pfoten des Hundes die Steinfarbe nachempfinden.

▸ Die Kunstfelle für die jeweilige Figur zurechtschneiden und festkleben. Die Kappe des Hundes aus dem kleinen Steinchen und einem kleinen Stückchen Karton gestalten und auf seinem Kopf befestigen.

▸ Zum Schluss den Hund auf die Füße des Akrobaten kleben.

Kieselsteiner

Kieselstein-er

MATERIAL

- länglicher Stein mit leichtem Bogen in Hellgrau, ca. 6 cm hoch
- lufttrocknende Modelliermasse in Weiß
- Lackfarbe in Hautfarbe, Weiß, Schwarz, Pink, Ultramarinblau, Perlmuttblau und Graumetallic
- Märchenwolle in Braun
- Strasssteinchen in Weiß, ø 2 mm
- 2 Holzstäbchen, ca. 2,5 cm lang
- Gummifaden und Garn in Silber, ca. 5 cm lang
- dünne Pappe, Rest
- Folie in Gold, Rest
- lamettaähnliches Geschenkband in Silber, ca. 8 cm lang
- ultrafeiner Flitter in Weiß

Pearl von Steinow, die Seiltänzerin

▶ Alle Teile modellieren. Dabei in der rechten Hand ein Holzstäbchen belassen, aus dem später der Schirm gestaltet wird. Das zweite Holzstäbchen als Seilabschnitt in die Füße eindrücken.

▶ Dann alles bemalen, dabei die ganzen Arme, den unteren Teil der Figur und das Dekolleté mit Hautfarbe bemalen. Der untere Teil der Brust wird der Steinfarbe nachempfunden. Die Details aufmalen und nach dem Bemalen der Schuhe Flitter darauf streuen.

▶ Die Wolle zuschneiden, zu einem dicken Zopf flechten und auf dem Kopf festkleben. Den Kopfschmuck aus einem Gummifaden und dem Strassstein fertigen und anbringen.

▶ Das Geschenkband auf der Figur drapieren. Den Schirm frei Hand aus dünner Pappe und Goldfolie ausschneiden und ans Holzstäbchen kleben.

▶ Die Figur mit dem Schirm in der Hand so auf dem zweiten Holzstäbchen festkleben, dass der Eindruck entsteht, als ob sie balancieren würde.

Das „Verfahren zum Herstellen von Figuren, deren Hauptkorpus aus mindestens einem Stein oder einem harten Material besteht", wurde im Mai 2004 beim Europ. Patentamt, München, als Patent angemeldet (AZ 04012209.5).

IMPRESSUM

FOTOS: frechverlag GmbH, 70499 Stuttgart; G. Wörner, 70376 Stuttgart
DRUCK: frechdruck GmbH, 70499 Stuttgart

Auflage: 5. 4. 3. 2. 1.
Jahr: 2008 2007 2006 2005 2004 [Letzte Zahlen maßgebend]

ISBN 3-7724-3336-7
Best.-Nr. 3336